fenouil
alfalfa
pois chiche
quinoa
moutarde
lentilles vertes
lentilles corail

Sophie Menut

Craquez pour les graines germées !

30 recettes de l'apéritif au dessert

Photos : Aimery Chemin

MANGO

Sommaire

Le saviez-vous ?

- Les pousses des graines germées sont une mine d'oligoéléments, de minéraux, de vitamines, d'acides aminés, d'enzymes, de protéines…
- La germination rend les graines plus digestes, donc plus assimilables.
- Les pousses d'alfalfa contiennent dix fois plus de calcium que le lait ; un grain de blé germé voit sa teneur en vitamine C augmentée de 600 % ; la quantité en vitamine B des graines d'avoine augmente de 2 000 % lorsque de celles-ci surgissent des pousses ; une consommation régulière de pousses de radis aiderait à lutter efficacement contre l'apparition de certains cancers…

Alors, n'hésitez plus à convier ces petites graines dans vos assiettes.

Comment s'y prendre ?

Ce sont l'humidité et la chaleur qui aident à la germination des graines gorgées de vie.

Toutes les graines ou presque (oubliez la tomate, la rhubarbe et l'aubergine) sont bonnes à faire germer : céréales, légumineuses, oléagineux, légumes… la palette est vaste, et il y en a pour tous les goûts.

Rien de plus simple : il suffit d'immerger 1 à 2 cuillerées à soupe de graines dans un bocal d'eau pendant une journée, puis de les rincer avant de les disposer à plat dans le bocal ou sur la grille d'un germoir. Rincées deux fois par jour, les graines mettront alors 2 à 6 jours pour germer.

Bon à savoir

On trouve désormais un choix varié de pousses et de graines germées dans la plupart des grandes surfaces.

Pensez à alterner les variétés de graines germées, car elles possèdent des teneurs différentes en vitamines et minéraux.

Rincez graines et pousses avant de les utiliser.

Ne les conservez pas trop longtemps au réfrigérateur.

À l'usage, vous apprendrez à discerner les différents goûts et textures des graines germées et à les marier avec vos préparations.

Réalisez les recettes de ce livre, puis n'hésitez pas à vous lancer pour en imaginer d'autres.

À vos graines, prêt, partez !

Cake aux lentilles germées

Préparation
15 minutes

Cuisson
40 minutes

Ingrédients pour 4 personnes
125 g de graines de lentilles germées
250 g de farine
1 sachet de levure chimique
4 œufs
100 g de tomates séchées à l'huile d'olive
150 g de gruyère râpé
2 cuillerées à soupe de curcuma en poudre
15 cl de vin blanc
15 cl d'huile d'arachide
Sel et poivre du moulin

/ Préchauffez le four à 180 °C (th. 6).
/ Mélangez au batteur électrique la farine et la levure avec les œufs. Ajoutez le vin blanc et l'huile et continuez de battre encore 2 minutes.
/ Coupez les tomates séchées en petits cubes et ajoutez-les à la préparation. Incorporez les graines de lentilles germées, le gruyère râpé et le curcuma. Salez et poivrez.
/ Versez la préparation dans un moule à cake beurré ou dans des petits moules individuels.
/ Enfournez et laissez cuire 40 minutes pour un grand moule ou 25 à 30 minutes seulement pour des moules individuels.

Bon à savoir !
Servez ce cake en apéro ou en guise de déjeuner léger, accompagné d'une salade verte.
Le curcuma, qui entre dans la préparation des currys en Inde, se marie très bien avec les lentilles.

Rouleaux d'avocat et pousses de radis

Préparation
15 minutes

Sans cuisson

Ingrédients pour 4 personnes
125 g de pousses de radis
2 avocats bien mûrs
8 radis
1 oignon frais
8 tranches de pain de mie blanc anglais
Le jus de 1 citron
5 cl d'huile d'olive
Sel et poivre du moulin

/ Placez les tranches de pain de mie sous une feuille de papier film et aplatissez-les au rouleau à pâtisserie en faisant attention à ne pas les casser.
/ Épluchez les avocats et coupez-les en morceaux. Placez-les dans un bol, citronnez-les aussitôt et écrasez-les à la fourchette en versant l'huile.
/ Pelez et hachez finement l'oignon. Ajoutez-le à la purée d'avocat. Salez et poivrez.
/ Rincez les radis et coupez-les en rondelles.
/ Tartinez chaque tranche de pain de purée d'avocat. Répartissez les rondelles et pousses de radis.
/ Roulez chaque tranche sur elle-même.
/ Servez 2 rouleaux par personne.

Bon à savoir !
Préparez ces rouleaux comme sandwichs légers à midi ou dégustez-les à l'apéritif coupés en morceaux. Vous pouvez ajouter une pointe de piment d'Espelette pour corser la purée d'avocat.

Tartines de fromage frais et pousses d'alfalfa

Préparation
10 minutes

Sans cuisson

Ingrédients pour 4 personnes
100 g de pousses d'alfalfa
300 g de ricotta
12 tranches de pain de campagne ou de seigle
1 gousse d'ail
30 g de pignons de pin
5 brins de basilic
10 cl d'huile d'olive
Sel et poivre du moulin

/ Faites dorer les pignons de pin dans une petite poêle à sec.
/ Pelez la gousse d'ail et hachez-la rapidement avec le basilic.
/ Dans un saladier, fouettez la ricotta à l'aide d'une fourchette pour bien l'aérer. Ajoutez l'huile puis le mélange ail-basilic et les pignons. Salez et poivrez.
/ Incorporez la moitié des pousses d'alfalfa et mélangez délicatement.
/ Versez la préparation dans une petite terrine et parsemez les pousses d'alfalfa restantes sur toute la surface.
/ Faites griller les tranches de pain juste au moment de servir : chacun tartinera un peu du mélange à sa convenance.

Bon à savoir !
Cette recette est idéale à l'apéritif. Le mieux est de couper les tranches de pain en 2 ou 3 morceaux et de les présenter dans un petit panier à côté de la terrine.

Rouleaux de printemps aux pousses de radis et haricots mungo

Préparation
20 minutes

Sans cuisson

Ingrédients pour 4 personnes
100 g de pousses de radis
125 g de germes de haricots mungo
20 petites galettes de riz
10 crevettes roses cuites
2 carottes
4 champignons de Paris
1 petit concombre
12 radis
1 oignon nouveau (cébette)
1 poignée de cacahuètes
1 noix de gingembre frais
2 tiges de citronnelle
4 brins de menthe
4 brins de coriandre
Sel et poivre du moulin
Sauce nuoc-mam pour servir

/ Ôtez la partie dure des tiges de citronnelle.
/ Épluchez l'oignon et le gingembre. Hachez-les avec la citronnelle.
/ Taillez les champignons et le concombre épluché et épépiné en petits cubes.
/ Coupez les radis en quatre puis en lamelles.
/ Hachez grossièrement les cacahuètes. Ciselez la menthe et la coriandre.
/ Pelez et râpez les carottes.
/ Mélangez tous ces ingrédients dans un grand saladier. Ajoutez les pousses de radis et les germes de haricots mungo.
/ Décortiquez les crevettes et coupez-les en deux dans la longueur. Salez et poivrez.
/ Trempez 1 galette de riz 15 secondes dans un bol d'eau chaude et égouttez-la sur un torchon propre. Étalez-la dans une assiette.
/ Déposez au centre de la galette une demi-crevette puis ajoutez 1 cuillerée à soupe du mélange. Enroulez la galette en rabattant les deux extrémités. Réalisez ainsi les autres rouleaux. Réservez au frais jusqu'au moment de servir.
/ Dégustez les rouleaux de printemps accompagnés de la sauce nuoc-mam.

Bon à savoir !
Vous pouvez ajouter à la farce un blanc de poulet cuit à la vapeur et coupé en petits cubes.

Pistou de pistaches aux graines de pois chiches

Préparation
6 minutes

Ingrédients pour 4 personnes
100 g de graines germées de pois chiches
200 g de pistaches non salées décortiquées
2 gousses d'ail
50 g de parmesan
1 bouquet de basilic
25 cl d'huile d'olive
Sel et poivre du moulin
Tranches de pain grillé pour servir
Sauce nuoc-mam pour servir

/ Pelez et dégermez les gousses d'ail.
/ Mettez les pistaches dans le bol de votre robot et concassez-les grossièrement.
/ Ajoutez les germes de pois chiches, les gousses d'ail, le parmesan et le basilic. Salez et poivrez. Mixez grossièrement en versant l'huile petit à petit de façon à obtenir un mélange grumeleux. Si la consistance est trop épaisse, ajoutez un peu d'eau froide.
/ Versez cette pâte dans un pot et réservez au frais.
/ Servez ce pistou à l'apéritif sur des tranches de pain grillé ou comme assaisonnement de pâtes.

Bon à savoir !
Pour conserver ce pistou plus longtemps (jusqu'à 1 semaine), versez une pellicule d'huile à la surface de la préparation et réservez au frais dans un récipient hermétique.

Houmous aux graines de sésame

Préparation
10 minutes

Ingrédients pour 4 personnes
100 g de graines germées de sésame
250 g de pois chiches en boîte
30 g de graines de tournesol
2 cuillerées à soupe de pâte de sésame
1 bouquet de menthe
Le jus de 1 citron
15 cl d'huile de sésame
Sel et poivre du moulin

/ Égouttez et rincez les pois chiches.
/ Mettez les pois chiches dans le bol de votre robot. Ajoutez l'huile de sésame, la pâte de sésame, les feuilles de menthe et le jus de citron. Salez et poivrez. Mixez fortement (si le mélange est trop épais, ajoutez un peu d'eau froide).
/ Ajoutez les graines germées de sésame et les graines de tournesol. Mélangez le tout.
/ Servez cette pâte avec du bain libanais à l'apéritif.

Bon à savoir !
La pâte ou purée de sésame se trouve dans les épiceries orientales ou les magasins diététiques.

Crème de haricots coco, caillé de brebis et graines d'azuki

Préparation
10 minutes

Cuisson
1 heure

Ingrédients pour 4 personnes
125 g de graines germées d'azuki
250 g de haricots blancs frais
1 pot de caillé de brebis
1 oignon
1 gousse d'ail
1 bouquet garni
3 cuillerées à soupe d'huile d'olive
1 cuillerée à soupe de vinaigre balsamique
Sel et poivre du moulin

/ Faites précuire les haricots dans une casserole d'eau bouillante pendant 15 minutes. Égouttez-les.

/ Épluchez et hachez l'oignon. Faites-le revenir dans une casserole avec 2 cuillerées à soupe d'huile d'olive pendant 3 minutes à feu moyen. Ajoutez les haricots, la gousse d'ail écrasée et le bouquet garni. Couvrez avec de l'eau à hauteur. Salez, poivrez et laissez cuire 45 minutes environ en rajoutant de l'eau si nécessaire (les haricots doivent être bien tendres).

/ Égouttez les haricots et laissez-les légèrement refroidir. Mixez-les fortement avec le caillé de brebis, en ajoutant un peu de leur eau de cuisson afin d'obtenir une crème onctueuse. Réservez au frais jusqu'au moment de servir.

/ Versez la crème de haricots dans de grands verres. Parsemez de graines d'azuki. Arrosez d'un filet d'huile d'olive et de quelques gouttes de vinaigre balsamique.

/ Poivrez et servez.

Bon à savoir !
La cuisson dans deux eaux rend les haricots plus digestes, en leur enlevant une partie du soufre qu'ils contiennent. Pour gagner du temps, vous pouvez utiliser des haricots en boîte.

Soupe au poulet, riz sauvage et graines de pois mange-tout

Préparation
20 minutes

Cuisson
1 heure

Ingrédients pour 4 personnes
100 g de graines germées de pois mange-tout
1 poulet coupé en morceaux avec ses abattis
50 g de riz sauvage
1 carotte
1 branche de céleri
1 oignon
1 brin d'estragon
2 brins de persil
1 bouquet garni
2 cuillerées à soupe d'huile d'olive
Sel et poivre du moulin

/ Faites chauffer l'huile dans une grande cocotte et faites rissoler les morceaux de poulet 4 minutes de chaque côté à feu assez vif.

/ Épluchez la carotte et l'oignon puis coupez-les en petits cubes. Taillez le céleri en lamelles. Ajoutez-les dans la cocotte avec le bouquet garni, mélangez et poursuivez la cuisson 2 minutes.

/ Mouillez avec 1 litre d'eau. Salez et poivrez. Couvrez et faites cuire à feu doux pendant 1 heure.

/ Retirez les morceaux de poulet à l'aide d'une écumoire. Laissez légèrement refroidir et détachez la chair avec vos doigts. Coupez-la en lanières.

/ Filtrez le bouillon et remettez-le sur le feu. Portez à ébullition puis jetez-y le riz. Laissez cuire selon les indications du paquet.

/ Cinq minutes avant la fin de cuisson du riz, incorporez dans le bouillon les lanières de poulet et le brin d'estragon.

/ Rectifiez l'assaisonnement si nécessaire. Parsemez de graines de pois mange-tout et de persil haché. Servez la soupe bien chaude dans des bols.

Bon à savoir !
Vous pouvez servir la soupe avec les légumes qui ont cuit dedans, voire même ajouter des petits bouquets de brocoli. Pour une recette express, utilisez du bouillon de volaille en cube et faites-y pocher 4 blancs de poulet coupés en lamelles.

Soupe miso aux graines de chou rouge

Préparation
10 minutes

Cuisson
3 minutes

Ingrédients pour 4 personnes
100 g de graines germées de chou rouge
100 g de tofu
4 cuillerées à soupe de miso
4 brins de coriandre

/ Faites chauffer 75 cl d'eau dans une casserole.
/ Coupez le tofu en cubes.
/ Lorsque l'eau est bien chaude, incorporez le miso puis le tofu. Mélangez bien et laissez cuire sans bouillir pendant 3 minutes.
/ Versez la soupe dans des bols. Parsemez de graines de chou et de coriandre ciselée.
/ Servez aussitôt.

Bon à savoir !
Le miso est une pâte de haricots de soja fermentée et salée, qui sert à confectionner des soupes ou des sauces.
Vous pouvez ajouter à cette soupe quelques champignons japonais.

Bouillon à la marocaine aux graines de pois chiches

Préparation
15 minutes

Cuisson
1 heure

Ingrédients pour 4 personnes
125 g de graines germées de pois chiches
250 g de viande d'agneau coupée en cubes
2 carottes,1 courgette, 1 pomme de terre,1 tomate, 1 navet
1 oignon
1 branche de céleri
5 brins de persil plat ciselés
5 brins de coriandre ciselés
1 pincée de safran
1 pincée de piment
2 cuillerées à soupe de concentré de tomates
2 cuillerées à soupe d'huile d'olive
Sel et poivre du moulin

/ Mondez la tomate et écrasez-la grossièrement avec une fourchette.
/ Épluchez les carottes, la pomme de terre et le navet. Coupez tous les légumes en petits dés.
/ Pelez et émincez l'oignon. Faites-le revenir dans une cocotte avec l'huile d'olive 2 minutes à feu moyen. Ajoutez la viande et faites-la rissoler 5 minutes en remuant bien. Incorporez tous les légumes en même temps ainsi que les herbes.
/ Diluez le safran, le piment et le concentré de tomates dans un peu d'eau. Versez ce mélange dans la cocotte. Salez, poivrez et recouvrez le tout d'eau.
/ Couvrez la cocotte et laissez cuire à petits bouillons 45 minutes à 1 heure.
/ Trois minutes avant de servir, ajoutez les graines de pois chiches dans la cocotte.
/ Servez la soupe très chaude dans des bols.

Bon à savoir !
Si vous trouvez la viande d'agneau trop forte en goût, remplacez-la par du veau. Les amateurs de saveurs épicées n'hésiteront pas à corser cette soupe avec un peu de harissa.

Bouillon de nouilles soba et graines d'azuki

Préparation
15 minutes

Cuisson
10 minutes

Ingrédients pour 4 personnes
100 g de graines germées d'azuki
150 g de nouilles soba
1 poignée de févettes
1 boîte de crabe (240 g)
1 cébette
1 petit piment émietté
5 brins de coriandre
1 cuillerée à soupe de graines de sésame grillées
1 cube de bouillon de bœuf corsé
Poivre du moulin

/ Faites cuire les nouilles dans une grande casserole d'eau bouillante pendant 5 minutes. Égouttez-les.
/ Dans une casserole, portez à ébullition 75 cl d'eau et faites dissoudre le cube de bouillon.
/ Ajoutez dans la casserole les nouilles, le crabe égoutté et émietté, le piment et les germes d'azuki. Mélangez le tout.
/ Ciselez la cébette et la coriandre. Répartissez le bouillon dans de grands bols. Parsemez de coriandre, de cébette, de graines de sésame et de févettes.
/ Poivrez et dégustez bien chaud.

Bon à savoir !
Vous trouverez des nouilles soba dans toutes les épiceries asiatiques. Vous pouvez les remplacer par des nouilles de riz chinoises (au rayon produits exotiques de votre supermarché).

Salade de poireaux aux graines de poireaux

Préparation
10 minutes

Cuisson
10 minutes

Ingrédients pour 4 personnes
125 g de graines de poireaux germées
20 jeunes poireaux
12 cerneaux de noix environ
1 cuillerée à soupe de moutarde en grains
2 cuillerées à soupe d'huile de noix
1 cuillerée à soupe de vinaigre de Xérès
Sel et poivre du moulin

/ Supprimez l'extrémité dure des feuilles de poireaux. Rincez-les puis coupez-les en tronçons de 2 cm. Faites-les cuire 10 minutes à la vapeur afin qu'ils restent croquants.
/ Préparez la vinaigrette en mélangeant l'huile et le vinaigre avec la moutarde. Salez et poivrez.
/ Déposez les poireaux dans un grand plat de service et versez la vinaigrette par-dessus.
/ Parsemez de graines germées et de cerneaux de noix grossièrement concassés.

Bon à savoir !
Dans cette recette, les graines germées mettent en valeur les poireaux en leur donnant du piquant. Servez-les tièdes, c'est meilleur.

Salade de chou-fleur aux graines de blé

Préparation
15 minutes

Cuisson
10 minutes

Ingrédients pour 4 personnes
150 g de graines de blé germées
1 chou-fleur
1 œuf dur
½ baguette de pain un peu rassise
1 bouquet de persil
1 cuillerée à soupe de moutarde
4 cuillerées à soupe d'huile d'olive
3 cuillerées à soupe d'huile d'arachide
1 cuillerée à café de vinaigre de miel
Sel et poivre du moulin

/ Rincez le chou-fleur et détachez les petits bouquets. Faites-les cuire à la vapeur pendant 10 minutes.
/ Détaillez la baguette en petits cubes. Faites-les dorer à la poêle 2 minutes dans l'huile d'arachide bien chaude.
/ Préparez la vinaigrette en mélangeant l'huile d'olive et le vinaigre avec la moutarde. Salez et poivrez.
/ Rincez et hachez le persil.
/ Déposez les bouquets de chou-fleur cuits dans un plat creux. Hachez l'œuf dur au couteau et parsemez-le sur le chou-fleur.
/ Ajoutez les germes de blé, les croûtons de pain et le persil. Arrosez de vinaigrette et mélangez. Servez tiède.

Bon à savoir !
Si vous possédez une friteuse, passez les croûtons de pain et le persil dans l'huile bien chaude avant de les parsemer sur la salade.

Salade d'automne aux graines variées

Préparation
20 minutes

Sans cuisson

Ingrédients pour 4 personnes
100 g de graines germées variées
200 g de mesclun
1 pomme
1 bulbe de fenouil
100 g de roquefort
50 g de raisins secs
50 g de noisettes décortiquées
Le jus de 1 citron
1 cuillerée à soupe de moutarde blanche
3 cuillerées à soupe d'huile de colza
1 cuillerée à soupe de vinaigre de miel
Graines de lin et de tournesol
3 brins de cerfeuil
Sel et poivre du moulin

/ Lavez et essorez la salade.
/ Faites gonfler les raisins secs dans un peu d'eau chaude pendant 10 minutes.
/ Pendant ce temps, pelez la pomme et coupez-la en quartiers. Ôtez le cœur et les pépins. Rincez le fenouil et coupez-le en deux.
/ À l'aide d'un couteau économe, prélevez de fins copeaux de pomme et de fenouil. Citronnez-les aussitôt.
/ Concassez les noisettes.
/ Préparez la vinaigrette en mélangeant l'huile et le vinaigre avec la moutarde. Salez et poivrez.
/ Disposez la salade dans un grand plat creux. Répartissez harmonieusement les copeaux de pomme et de fenouil. Ajoutez les germes variés, les noisettes et les raisins égouttés. Émiettez le roquefort par-dessus.
/ Arrosez de vinaigrette. Décorez de graines de lin et de tournesol ainsi que de cerfeuil ciselé.

Bon à savoir !
N'hésitez pas à varier les ingrédients en remplaçant les pommes par des poires, les noisettes par des noix, le mesclun par des endives, le roquefort par du comté…

Salade orange

Préparation
15 minutes

Cuisson
20 minutes

Ingrédients pour 4 personnes
75 g d'un mélange de graines germées
3 carottes moyennes (ou 1 paquet de carottes râpées de 250 g)
3 poivrons orange
2 oranges
12 tomates cerises orange ou jaunes
3 cuillerées à soupe d'huile d'olive
1 cuillerée à soupe de vinaigre balsamique
Sel et poivre du moulin

/ Préchauffez le four à 210 °C (th. 7) et faites griller les poivrons 20 minutes environ en les retournant de temps en temps. Enveloppez-les d'une feuille d'aluminium et laissez refroidir.
/ Épluchez et râpez les carottes.
/ Pelez les oranges à vif puis récupérez les segments en faisant glisser la lame d'un couteau à travers leur membrane.
/ Rincez les tomates cerises et coupez-les en quatre.
/ Pelez et épépinez les poivrons. Taillez-les en fines lanières.
/ Préparez la vinaigrette en mélangeant l'huile et le vinaigre avec la moutarde. Salez et poivrez.
/ Réunissez tous les ingrédients ci-dessus dans un grand saladier. Ajoutez le mélange de graines germées. Arrosez de vinaigrette et mélangez.

Bon à savoir !
Voilà une salade légère et pleine de vitamines pour se faire du bien.
Si vous êtes très « sucré-salé », agrémentez cette salade de quelques dés de mangue.
Vous pouvez ajouter à la vinaigrette le jus d'une demi-orange, c'est délicieux.

Galettes de légumes aux graines germées

Préparation
20 minutes

Cuisson
26 minutes

Ingrédients pour 4 personnes
100 g de graines germées variées
1 pomme de terre
2 carottes
50 g de céleri-rave
1 oignon
50 g de petit épeautre
3 œufs
50 g de parmesan râpé
2 cuillerées à soupe d'herbes de Provence
4 brins de persil
3 cuillerées à soupe d'huile d'olive
Sel et poivre du moulin

/ Épluchez et râpez les légumes. Pelez et émincez très finement l'oignon. Hachez le persil.
/ Faites cuire le petit épeautre 20 minutes dans une casserole d'eau bouillante. Égouttez et laissez refroidir.
/ Dans un saladier, battez les œufs avec le persil et les herbes de Provence. Ajoutez les légumes et l'oignon, le petit épeautre, les graines germées et le parmesan. Salez, poivrez et mélangez soigneusement.
/ Faites chauffer l'huile dans une poêle antiadhésive. À l'aide d'une grande cuillère déposez dans la poêle des petits tas de la préparation en les aplatissant légèrement. Laissez cuire 3 minutes de chaque côté.
/ Servez ces galettes accompagnées d'une salade verte.

Bon à savoir !
Ces galettes peuvent être préparées à l'avance et cuites au dernier moment.
L'été, confectionnez-les avec des courgettes et des poivrons râpés.

Champignons et châtaignes aux graines de fenouil

Préparation
10 minutes

Cuisson
15 minutes

Ingrédients pour 4 personnes
75 g de graines de fenouil germées
500 g de châtaignes sous vide, en boîte ou surgelées
500 g de champignons des bois
1 échalote
1 botte de cerfeuil
Le jus de ½ citron
30 g de beurre
Sel et poivre du moulin

/ Coupez les champignons en quatre et citronnez-les.
/ Pelez et hachez l'échalote. Dans une sauteuse, faites-la suer avec le beurre mousseux 2 minutes à feu doux.
/ Ajoutez les champignons dans la cocotte et laissez cuire 8 minutes à feu moyen en remuant.
/ Incorporez les châtaignes et continuez la cuisson 5 minutes environ afin que l'ensemble soit bien chaud. Salez et poivrez.
/ Rincez et hachez le cerfeuil.
/ Versez la préparation dans le plat de service. Ajoutez les graines de fenouil germées et mélangez.
/ Parsemez de cerfeuil et servez bien chaud.

Bon à savoir !
Les germes de fenouil vont rehausser la douceur des châtaignes et des champignons.
Si vous utilisez des châtaignes surgelées, faites-les cuire d'abord 8 minutes dans une casserole avant des les ajouter aux champignons.
Servez ce plat en accompagnement d'une viande blanche rôtie.

Soufflé au brocoli

Préparation
15 minutes

Cuisson
30 minutes

Ingrédients pour 4 personnes
125 g de graines germées de brocoli
500 g de brocoli
5 œufs
100 g de gruyère râpé
20 cl de crème liquide
1 grosse cuillerée à soupe de farine
50 g de beurre + 1 noix pour le moule
Sel et poivre du moulin

/ Détaillez le brocoli en petits bouquets. Rincez-les puis faites-les cuire dans une casserole d'eau bouillante 15 minutes environ.
/ Égouttez-les et écrasez-les à l'aide d'une fourchette.
/ Préchauffez le four à 200 °C (th. 6-7). Séparez les blancs d'œufs des jaunes.
/ Dans une casserole, faites fondre le beurre pendant 1 minute. Ajoutez la farine en remuant avec une cuillère en bois puis la crème liquide. Mélangez encore 2 minutes.
/ Incorporez le gruyère et les jaunes d'œufs en remuant vigoureusement. Ajoutez délicatement la purée de brocoli et la moitié des graines. Salez et poivrez.
/ Montez les blancs en neige très ferme. Incorporez-les délicatement à la préparation.
/ Versez l'appareil dans un moule à soufflé beurré. Enfournez et laissez cuire 15 à 20 minutes (il doit être bien gonflé).
/ Servez le soufflé dès la sortie du four en l'ayant parsemé des graines de brocoli restantes.

Bon à savoir !
Avec la même base de recette, préparez des soufflés au chou-fleur, aux épinards, aux carottes : un bon moyen de faire manger des légumes à vos enfants !

Carpaccio de bœuf aux graines de tournesol et de moutarde

Préparation
5 minutes

Sans cuisson

Ingrédients pour 4 personnes
50 g de graines de tournesol germées
30 g de graines de moutarde germées
30 g de graines de tournesol
600 g de bœuf coupé en carpaccio par le boucher
1 cuillerée à soupe d'huile de courge
2 cuillerées à soupe d'huile de colza
1 cuillerée à café de vinaigre balsamique
Sel et poivre du moulin

/ Préparez une vinaigrette en mélangeant les huiles et le vinaigre. Salez et poivrez.
/ Étalez les tranches de viande sur un grand plat de service ou dans chaque assiette.
/ Arrosez le carpaccio avec l'assaisonnement. Parsemez de graines germées et de graines de tournesol. Donnez un tour de moulin à poivre et servez.

Bon à savoir !
L'huile de courge, très épaisse et sombre, a un goût très puissant. Elle se marie merveilleusement bien avec la viande. Versez-en quelques gouttes sur une purée de potiron pour lui donner du pep's !

Byriani de poulet et lentilles corail germées

Préparation
15 minutes

Cuisson
25 minutes

Ingrédients pour 4 personnes
100 g de graines germées de lentilles corail
200 g de riz basmati
2 escalopes de poulet
2 tomates
50 g de raisins secs
1 oignon
2 gousses d'ail
1 noix de gingembre
4 cuillerées à soupe de noix de cajou
1 cuillerée à café de coriandre en grains, curcuma, cardamome, graines de cumin, poivre noir, cannelle en poudre, clous de girofle, graines d'anis
1 pincée de safran
1 cuillerée à café de poudre tandoori
4 brins de menthe
10 brins de coriandre
2 cuillerées à soupe d'huile d'olive
Sel

/ Préparez la sauce : épluchez l'ail et le gingembre. Pelez les tomates et l'oignon. Mixez le tout avec les épices (sauf le safran et la poudre tandoori), les brins de menthe et 4 brins de coriandre.

/ Faites cuire le riz dans une casserole d'eau bouillante avec la poudre tandoori. Ajoutez les raisins secs 2 minutes avant la fin de la cuisson.

/ Égouttez le riz et les raisins.

/ Coupez le poulet en fines lanières. Faites-les sauter vivement dans un wok ou une poêle avec 1 cuillerée à soupe d'huile pendant 5 minutes. Réservez.

/ Versez le reste d'huile dans le wok et faites revenir la sauce à feu moyen pendant 5 minutes.

/ Ajoutez le riz avec les raisins petit à petit en mélangeant avec une cuillère en bois. Incorporez le safran dilué dans un peu d'eau.

/ Lorsque le mélange est bien chaud, remettez les lanières de poulet dans le wok. Ajoutez les germes de lentilles, le reste de coriandre ciselée et les noix de cajou. Remuez le tout, salez et servez bien chaud.

Bon à savoir !
Voilà une version express d'un classique de la cuisine indienne.
Si vous avez du temps, choisissez toutes les épices entières et pilez-les au mortier.

Agneau épicé à la menthe et graines de chou rouge

Préparation
15 minutes
+ 15 minutes de marinade

Cuisson
5 minutes

Ingrédients pour 4 personnes
100 g de graines germées de chou rouge
200 g de filet d'agneau
2 concombres
1 oignon rouge
2 tiges d'oignons frais
1 bouquet de menthe
1 cuillerée à soupe de sauce chili
3 cuillerées à soupe d'huile d'olive
Le jus de ½ citron
Sel et poivre du moulin

/ Coupez l'agneau en lanières. Dans un saladier, mélangez la sauce chili avec l'huile d'olive et le jus de citron. Faites mariner les lanières de viande dans cette sauce pendant 15 minutes.
/ Pelez et émincez l'oignon rouge en fines lamelles. Ciselez les tiges des oignons frais.
/ Rincez les concombres et, sans les éplucher, coupez-les en très fines tranches. Effeuillez la menthe.
/ Dans un saladier, mélangez le concombre avec l'oignon rouge et les feuilles de menthe.
/ Égouttez la viande de la marinade (conservez cette dernière) et faites-la dorer dans une sauteuse sans matière grasse, à feu vif, pendant 5 minutes.
/ Disposez les graines de chou rouge dans un grand plat ou des assiettes individuelles. Répartissez la salade de concombres et les lanières de viande. Parsemez d'oignon ciselé.
/ Versez la marinade sur l'ensemble. Salez et poivrez. Dégustez bien frais.

Bon à savoir !
Ce plat très frais peut également être réalisé avec des cubes de poulet ou de saumon.

Nouilles sautées aux graines de soja et aux crevettes (Pad thaï)

Préparation
10 minutes

Cuisson
10 minutes

Ingrédients pour 4 personnes
150 g de graines germées de haricots mungo (soja)
1 paquet de 200 g de nouilles de riz
12 crevettes roses crues
3 œufs
2 gousses d'ail
2 tiges d'oignons frais ciselées
50 g de cacahuètes décortiquées
2 citrons verts
5 brins de coriandre hachés
10 cl d'huile d'arachide

Pour la sauce :
2 cuillerées à soupe de sauce de poisson
2 cuillerées à soupe de ketchup
2 cuillerées à café de sucre semoule

/ Préparez la sauce en mélangeant tous les ingrédients dans un bol avec 3 cuillerées à soupe d'eau.
/ Plongez les nouilles dans un grand saladier rempli d'eau bouillante et laissez-les gonfler 3 à 4 minutes. Égouttez-les.
/ Battez les œufs avec les gousses d'ail pelées et hachées.
/ Dans un wok, faites sauter vivement les crevettes avec la moitié de l'huile jusqu'à ce qu'elles deviennent roses (4 minutes). Débarrassez sur une assiette.
/ Versez le reste d'huile dans le wok. Ajoutez les œufs battus et faites cuire comme des œufs brouillés pendant 3 minutes. Incorporez la sauce et les nouilles. Mélangez et continuez la cuisson jusqu'à ce que les nouilles aient absorbé la sauce.
/ Ajoutez les crevettes et les germes de soja au contenu du wok.
/ Répartissez la préparation dans des bols. Parsemez de cacahuètes concassées, de coriandre hachée et d'oignon frais ciselé.
/ Servez ce plat accompagné de citron vert.

Bon à savoir !
N'hésitez pas à arroser largement ce plat de citron lorsque vous le dégustez.
Vous pouvez utiliser des crevettes déjà cuites ; dans ce cas, incorporez-les à la préparation juste à la fin.

Tartare de saumon aux graines de radis

Préparation
15 minutes

Sans cuisson

Ingrédients pour 4 personnes
100 g de pousses de radis vertes et rouges
500 g de saumon en filet
1 citron + le zeste de 1 citron
Aneth pour le décor
Tranches de pain grillé

Pour la sauce :
1 jaune d'œuf
2 cuillerées à soupe de moutarde Savora®
1 cuillerée à soupe de miel liquide
15 cl d'huile de tournesol
1 trait de vinaigre de miel
3 brins d'aneth ciselés
Sel et poivre du moulin

/ À l'aide d'un couteau bien aiguisé, taillez le filet de saumon en fines lanières puis en tout petits cubes.

/ Préparez la sauce : mélangez au fouet le jaune d'œuf avec la moutarde. Versez l'huile en mince filet tout en continuant de tourner comme pour une mayonnaise. Lorsque la consistance est suffisamment épaisse, ajoutez le miel, le vinaigre et les brins d'aneth ciselés. Salez et poivrez.

/ Versez cette sauce sur les cubes de poisson. Ajoutez la moitié des pousses de radis et mélangez le tout.

/ À l'aide d'un emporte-pièce ou d'une cuillère, déposez une portion de tartare dans chaque assiette. Entourez des pousses de radis restantes. Décorez de quelques zestes de citron et d'1 brin d'aneth.

/ Servez les tartares accompagnés de quartiers de citron et de tranches de pain grillé.

Bon à savoir !
De la même façon, vous pouvez préparer un tartare avec moitié saumon frais et moitié saumon fumé.

Aubergines et daurade estivale aux graines variées

Préparation
15 minutes

Cuisson
10 minutes

Ingrédients pour 4 personnes
100 g de graines germées variées
3 filets de daurade
2 aubergines
1 tomate
4 cuillerées à soupe d'huile d'olive
3 brins de basilic
Sel et poivre du moulin

/ Découpez les filets de daurade en 12 médaillons.
/ Pelez et épépinez la tomate. Coupez-la en cubes.
/ Rincez les aubergines et, sans les éplucher, coupez-les en 12 tranches épaisses de 2 cm.
/ Faites chauffer la moitié de l'huile dans une poêle et faites dorer les tranches d'aubergines à feu vif 2 à 3 minutes de chaque côté. Égouttez-les sur du papier absorbant.
/ Versez le reste d'huile dans la poêle et faites cuire les médaillons de poisson 1 minute de chaque côté.
/ Sur chaque tranche d'aubergine, posez 1 médaillon de poisson. Ajoutez quelques graines germées et des cubes de tomate. Parsemez de basilic ciselé. Salez et poivrez. Servez chaud.

Bon à savoir !
Voilà un plat léger idéal par une chaude journée d'été. Vous pouvez remplacer les filets de daurade par un autre poisson blanc de Méditerranée.

Risotto au citron et pousses de roquette

Préparation
10 minutes

Cuisson
20 minutes

Ingrédients pour 4 personnes
75 g de pousses de roquette
250 g de riz arborio
2 échalotes
1 citron non traité
75 g de roquette
75 g de parmesan râpé
10 cl de crème fraîche épaisse
1 grand verre de vin blanc
1 litre de bouillon de volaille
100 g de beurre

/ Prélevez le zeste du citron et recueillez le jus.
/ Pelez et hachez les échalotes. Faites-les revenir dans une cocotte avec 30 g de beurre 3 minutes à feu moyen.
/ Ajoutez le riz dans la cocotte, remuez et laissez cuire jusqu'à ce que les grains deviennent translucides. Versez le vin et laissez-le s'évaporer.
/ Ajoutez le jus de citron puis versez le bouillon de volaille, louche après louche, sans cesser de remuer à petit feu : attendez que le riz l'ait totalement absorbé avant d'ajouter une nouvelle louche.
/ Lorsque le riz est bien onctueux et crémeux (comptez une vingtaine de minutes), incorporez le reste de beurre, la crème et le parmesan. Salez si besoin, poivrez et mélangez.
/ Ajoutez délicatement les pousses de roquette et le zeste de citron.
/ Décorez avec des feuilles de roquette et servez bien chaud.

Bon à savoir !
Au printemps, ajoutez à ce risotto des petits pois juste cuits à l'eau bouillante pendant 5 minutes.

Omelette aux épinards, cottage cheese et graines de tournesol

Préparation
8 minutes

Cuisson
10 minutes

Ingrédients pour 4 personnes
150 g de graines de tournesol germées
12 œufs
2 pots de cottage cheese (200 g)
150 g d'épinards surgelés
1 pincée de noix de muscade râpée
2 cuillerées à soupe d'huile d'arachide
Sel et poivre du moulin

/ Faites décongeler les épinards et égouttez-les en les pressant bien dans une passoire.
/ Dans un saladier, battez vigoureusement les œufs à l'aide d'une fourchette. Ajoutez le cottage cheese et continuez de mélanger.
/ Incorporez les épinards et les graines germées. Assaisonnez de muscade, sel et poivre.
/ Faites chauffer l'huile dans une grande poêle antiadhésive. Faites cuire l'omelette 8 à 10 minutes de façon à ce qu'elle reste bien baveuse.

Bon à savoir !
Il vous sera plus facile de cuire l'omelette en deux fois : partagez la préparation en deux et faites cuire les omelettes l'une après l'autre dans la même poêle. Vous pouvez ajouter une pincée de cumin, qui se marie très bien aux épinards et aux œufs.

Curry végétal aux pousses de fenugrec

Préparation
15 minutes

Cuisson
20 minutes

Ingrédients pour 4 personnes
100 g de pousses de fenugrec
8 petites pommes de terre
400 g de potiron
1 poignée d'haricots verts
200 g de petits pois écossés
1 gousse d'ail
1 noix de gingembre
1 petit piment fort
1 cuillerée à soupe de curry en poudre
5 brins de coriandre ciselés
25 cl de lait de coco
2 cuillerées à soupe d'huile d'olive
Sel et poivre du moulin

/ Équeutez les haricots et coupez-les en tronçons de 2 cm. Faites-les blanchir 5 minutes dans une casserole d'eau bouillante.
/ Épluchez et coupez en gros cubes les pommes de terre et le potiron.
/ Pelez et hachez l'ail et le gingembre.
/ Faites chauffer l'huile dans une sauteuse et faites revenir l'ail et le gingembre à feu doux pendant 2 minutes. Ajoutez les pommes de terre et laissez cuire 3 minutes.
/ Saupoudrez de curry, puis incorporez le potiron, les haricots égouttés et les petits pois. Mélangez et versez le lait de coco.
/ Ajoutez le piment émietté et 1 verre d'eau. Salez et poivrez. Couvrez la sauteuse à moitié et poursuivez la cuisson 10 à 15 minutes.
/ Deux minutes avant la fin de la cuisson, ajoutez les graines germées et la coriandre.

Bon à savoir !
Voilà une version revisitée de la désormais classique cocotte de légumes. Les graines de fenugrec vont booster la préparation. Vous pouvez servir ce curry saupoudré de noix de coco râpée.

Smoothie à la pomme verte et aux graines de quinoa

Préparation
10 minutes

Sans cuisson

Ingrédients pour 4 personnes
75 g de graines germées de quinoa
4 pommes vertes
10 cl de sirop de menthe
Le jus de 1 citron
3 yaourts nature liquides au lait de soja
4 brins de menthe
1 poignée de glaçons

/ Épluchez les pommes et ôtez le cœur et les pépins. Coupez-les en morceaux.
/ Dans votre blender, mettez les pommes, les yaourts, le sirop et les feuilles de menthe, la moitié des germes de quinoa, le jus de citron et les glaçons. Mixez fortement de façon à obtenir un mélange bien mousseux.
/ Répartissez le smoothie dans des petits verres. Parsemez du reste de graines de quinoa.
/ Servez bien frais.

Bon à savoir !
Inutile de sucrer ces smoothies, le sirop de menthe l'étant suffisamment. Si, toutefois, vous les trouviez trop acides, au moment de mixer ajoutez 2 cuillerées à café de sucre roux.

Salade de fruits, faisselle et germes de blé

Préparation
15 minutes

Sans cuisson

Ingrédients pour 4 personnes
125 g de graines germées de blé
4 petites faisselles individuelles
150 g de groseilles
150 g de framboises
150 g de myrtilles
20 cl de coulis de fruits rouges

/ Mélangez tous les fruits rouges dans un saladier.
/ Démoulez les faisselles, égouttez-les et posez-les dans des petites assiettes creuses.
/ Répartissez autour des faisselles un peu de salade de fruits. Nappez de coulis et parsemez de graines germées. Dégustez aussitôt.

Bon à savoir !
N'hésitez pas à varier les fruits selon la saison. Pour un petit-déjeuner vitalité, misez sur les agrumes et, pour un goûter léger, sur le melon, les pêches ou les abricots.

Semoule de blé au lait d'amandes et au miel, graines de sarrasin et de quinoa

Préparation
10 minutes

Cuisson
15 minutes

Ingrédients pour 4 personnes
25 g de graines germées de sarrasin
25 g de graines germées de quinoa
75 g de semoule de blé fine
25 cl de lait
25 cl de lait d'amandes
3 cuillerées à soupe de miel liquide
1 cuillerée à soupe d'eau de fleur d'oranger
1 poignée d'amandes
Le zeste de 1 orange
50 g de sucre semoule

/ Faites chauffer les deux laits dans une casserole. Ajoutez le miel et, lorsque le mélange est bouillant, versez la semoule en pluie. Laissez cuire 8 minutes sans cesser de remuer.
/ Une fois le mélange refroidi, ajoutez l'eau de fleur d'oranger.
/ Faites chauffer les amandes dans une petite poêle. Saupoudrez de sucre et laissez caraméliser 2 minutes environ.
/ Répartissez la semoule dans des petits verres ou bols. Parsemez de graines germées et d'amandes caramélisées. Décorez de zestes d'orange.
/ Dégustez ce dessert tiède ou froid (selon la saison).

Bon à savoir !
Si vous souhaitez rendre ce dessert plus onctueux, ajoutez 25 cl de crème fraîche épaisse juste avant la fin de la cuisson.
C'est un dessert parfait pour les jours de pluie, à déguster sous la couette !

Crème avocat-ananas et graines de blé

Préparation
15 minutes
+ 2 heures au réfrigérateur

Sans cuisson

Ingrédients pour 4 personnes
3 avocats
La chair de ½ ananas
4 œufs
60 g de sucre glace
75 g de graines germées de blé
1 brin de menthe
Le jus et le zeste de 1 citron vert

/ Séparez les blancs d'œufs des jaunes.
/ Épluchez les avocats et citronnez-les aussitôt. Coupez l'ananas en gros morceaux.
/ Mixez l'ananas avec la chair des avocats pendant 30 secondes. Ajoutez le sucre glace et les jaunes d'œufs en mélangeant bien.
/ Montez les blancs en neige ferme. Incorporez-les délicatement à la préparation. Ajoutez le zeste de citron et 50 g de graines germées.
/ Répartissez la crème avocat-ananas dans des petits ramequins. Réservez au frais pendant 2 heures avant de servir.
/ Décorez avec le reste de graines germées et les feuilles de menthe.

Bon à savoir !
Un dessert pour ceux qui ont tendance à oublier que l'avocat est un fruit !

Remerciements

Un grand merci à toute l'équipe de Mango et en particulier à Barbara et Adèle qui m'ont permis de mettre en scène ces petites graines dont je raffole.

Un grand bravo à Aimery pour ses belles photos et son implication dans notre travail.

Merci à mes parents, fidèles supporters toujours si enthousiastes.

Merci à Mamita, ma « petite main » d'enfer.

Merci à Garlone Bardel pour sa gentillesse.

Toujours un grand merci à Caroline Dubreuil du Printemps de la Maison.

Si vous voulez vous lancer dans la germination, vous pouvez commander des germoirs via Internet. Chez Truffaut, et sans vous ruiner, vous trouverez un modèle de germoir tout simple et une grande variété de sachets de graines à faire germer.
Si vous n'avez pas le temps, vous pouvez acheter vos graines germées en grandes surfaces, dans les biocoops ou les supermarchés bio tels que les Nouveaux Robinson. La grande épicerie du Bon Marché est particulièrement bien fournie.

Shopping :

- www.printemps.com <http://www.printemps.com>
- www.conranshop.fr
- www.ikea.com <http://www.ikea.com>
- Tissus marché Saint-Pierre, 75018 Paris